instant
HAPPINESS™

instant HAPPINESS™

Dana Wyse

hoëbeke

Note de l'artiste

Si vous lisez cette page, c'est que vous n'avez pas été dévoré par une meute de loups. Ni piétiné par un troupeau de mustangs sauvages. Aucun arbre n'est tombé sur vous. Aucun rocher ne vous a écrasé comme une fourmi. Votre sandwich n'a pas été empoisonné. Votre parachute s'est ouvert. Votre dernier avion s'est posé sans incident.

Bien joué. Vous êtes en vie. Félicitations !

Et vous n'êtes pas non plus coincé au fond d'un puits abandonné. Ni en prison pour un crime que vous n'avez pas commis.

Vous êtes libre. Reconnaissez-le. Vous faites partie des chanceux.

Alors, réjouissez-vous ! Dansez. Célébrons ensemble la fragile splendeur de notre existence.

****

La première pilule que j'ai créée était une *Pilule de célébrité instantanée* pour une exposition dans l'appartement d'une amie à Paris. Dès le lendemain, je faisais l'objet d'un article dans un grand journal. Quelques mois plus tard, j'ai fait la couverture d'un magazine.

Une simple pilule a radicalement changé le cours de ma vie. Le concept de *Jesus Had A Sister Productions* était né, et j'allais passer les trente années suivantes à parcourir le monde avec une valise remplie de pilules, exposant mon travail de Los Angeles à Luang Prabang.

La principale question que les gens me posent est la suivante : « Est-ce que ça marche ? »

En vrai, je ne sais pas. Ce que je sais, c'est que notre esprit, une fois focalisé, devient une véritable baguette magique. Lorsque nous formulons une intention ou que nous nous engageons à atteindre un objectif, nous déclenchons une chaîne d'événements qui se manifeste mystérieusement une fois le vœu exprimé.

Nous avons le pouvoir de créer notre propre réalité.

En défiant l'incrédulité, nous faisons semblant de croire. En jouant, nous inventons notre vie.

***

Si vous doutez des possibilités infinies de votre propre vie, allez faire une promenade dans une grande ville. Tout – les trottoirs, les avenues, les vitres des fenêtres, les bâtiments, les briques, les poignées de porte, les vis, les fourchettes, les ampoules, l'électricité, la peinture, le papier, la musique, la typographie, les vêtements, la moquette, les fermetures Éclair, les livres, la bière, ce soupçon de parfum qui flotte dans l'air –, a été au départ une idée, une création, une solution pensée par quelqu'un. Lorsque vous vous promenez en ville, vous vous promenez dans l'étendue scintillante et vibrante de l'imagination de l'humanité. Tout ce que vous percevez a d'abord été rêvé.

Nos maisons sont littéralement des cathédrales d'inventions.

Et pourtant, je reste perplexe : comment se fait-il que nous vivions dans cette matrice d'ingéniosité et que, en même temps, certains d'entre nous ne sachent pas comment baisser la lunette des toilettes ou ne se souviennent pas de l'endroit où ils ont laissé leurs clés ? En tant qu'espèce humaine, nous mettons six ans, à compter de la conception, pour apprendre à faire nos lacets. Nous sommes divins. Et nous sommes imparfaits. Nous construisons des temples, mais nous perdons nos chaussettes.

**

Quand j'étais petite, je voulais devenir astronaute. Le mot *astronaute* nous vient du grec. Il se traduit par « marin des étoiles », ce qui lui donne un certain panache. L'Oxford English Dictionary définit un astronaute comme une personne qui voyage dans l'espace. Selon cette définition, nous sommes tous des astronautes. Nous sommes nés astronautes. Beaux et braves.

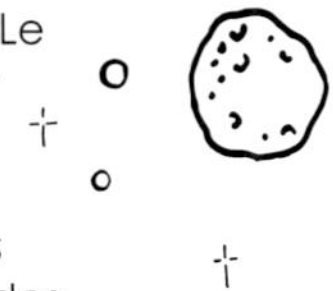

Regardez-nous.

Coincés sur un caillou géant flottant dans l'espace, dans un univers, ou un multivers, de galaxies que nous ne connaîtrons ni n'atteindrons jamais complètement ; condamnés à donner naissance, génération après génération, à d'autres astronautes, camarades navigateurs, qui seront à leur tour coincés sur un caillou géant flottant dans l'encre noire de l'espace... sans jamais savoir s'il y a quelqu'un d'autre dans le cosmos. Ni même s'ils sont gentils !

C'est dans ce vertige existentiel que je trouve mon inspiration.

Quand soudain j'imagine conduire sur un pont en même temps que je conduis sur un pont, il m'arrive de me demander si la personne du pont s'est bien souvenue de resserrer les boulons ce jour-là. Je me sens tomber à travers le plancher métallique de ma voiture, encore et encore, jusqu'à ce que j'atteigne l'autre côté.

Dans la vie, nous sommes toujours à un cheveu, à un boulon, du désastre.

Le morceau de papier collé au talon de votre chaussure en sortant des toilettes de la boîte de nuit, la salade sur vos dents lors de votre premier rendez-vous romantique, la chanson mal chantée pendant la fête du personnel, la pire pipe de TOUS LES TEMPS.

Ne serait-il pas merveilleux d'avoir juste un petit peu plus de contrôle sur notre vie, nos émotions, notre futur, notre famille ? Parce que notre seule garantie, en vérité, réside dans ce moment présent.

*

Mon travail porte sur la joie d'être en vie. Et la peur d'être en vie.

La Terre est notre vaisseau spatial.

Ou ce qu'il en reste.

Love from,

Dana Wyse

Rédigé dans la chambre 318, Hôtel du Casino,
Saint-Valery-En-Caux, France, Terre.

Quelque part, une bombe tombe. Quelque part, un poème prend feu.

Devenir un artiste célèbre instantanément
1996

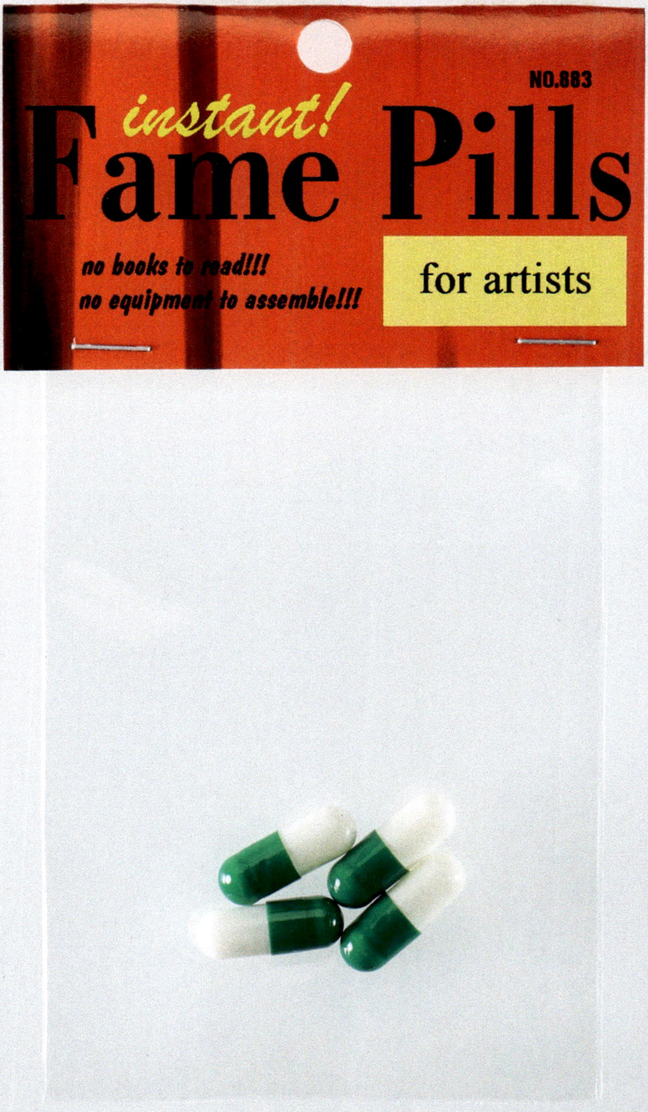
NO.883
instant!
Fame Pills
no books to read!!!
no equipment to assemble!!!
for artists

Devenir incroyablement créatif instantanément
2000

No. 55
BE
INCREDIBLY
CREATIVE
instantly

Kit pour devenir un auteur à succès
2000

AS SEEN ON
TV
No.902
BE
a
Best-selling
WRITER
instantly
BD

Comprendre instantanément le sens de la vie
2001

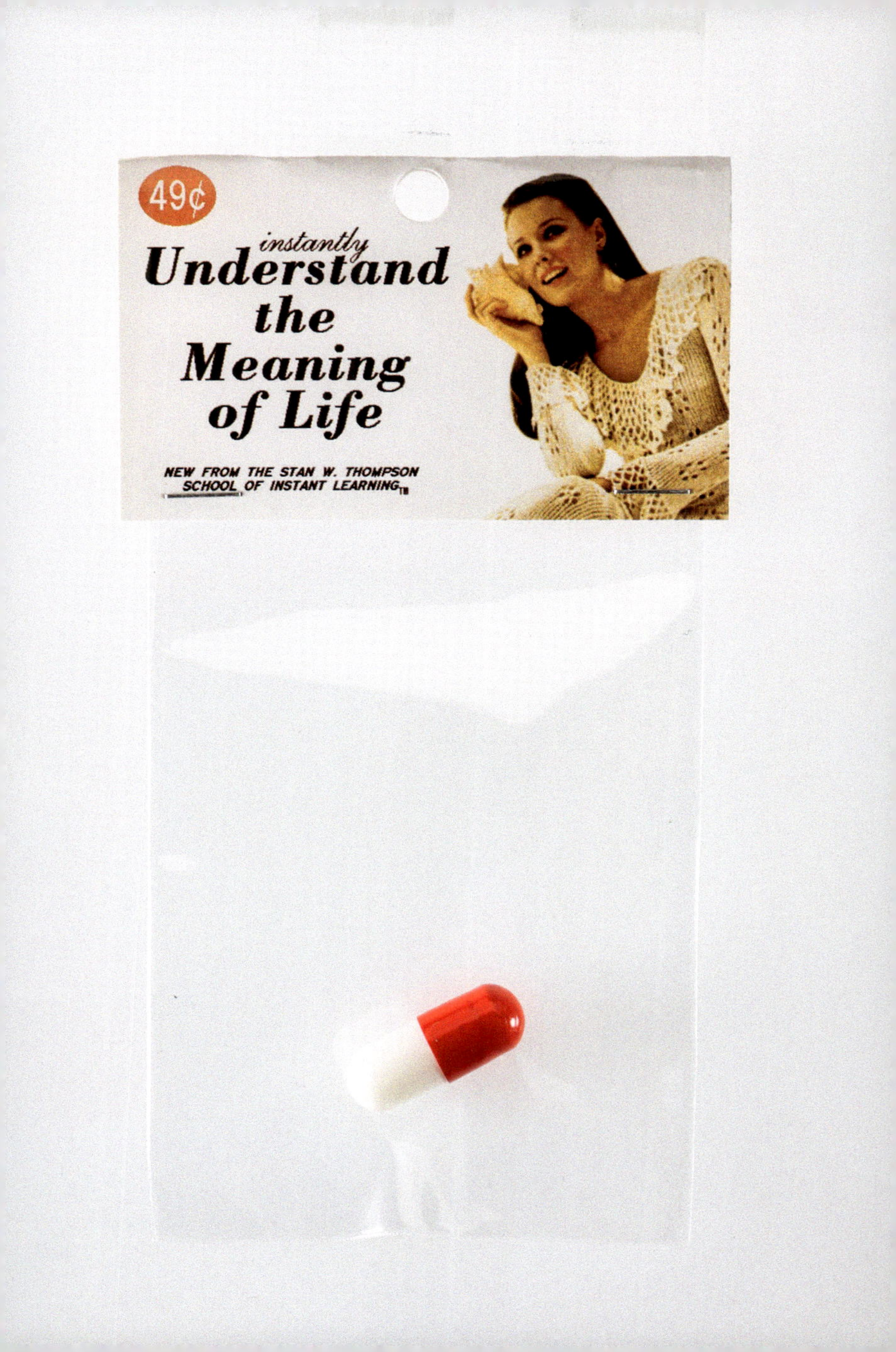
49¢
instantly
Understand the Meaning of Life
NEW FROM THE STAN W. THOMPSON SCHOOL OF INSTANT LEARNING TM

Trèfle à quatre feuilles de contrefaçon
2022

15¢
COUNTERFEIT
FOUR LEAF
CLOVER
Quality good luck...at discount prices.
Only you will know the difference!

Devenir un entrepreneur à succès
2000

$$$
Be a Successful
ENTREPRENEUR
the Bobby Waters way
Earn money now! Sell fake recreational drugs in your spare time!!!

Devenir millionnaire, un centime à la fois
2004

#DW2012
JHA$
Become
a
MILLIONAIRE
the old-fashioned way
ONE PENNY AT A TIME
LIBERTY
2023

Kit pour cultiver chez vous des forêts de lesbiennes
2021

RAISE
FOREST
LESBIANS™
at home in your spare time with this compact starter kit
All you need is a garden!
DIESEL
DIESEL
PANTHER

Déclencheur d'incendie discret pour arnaquer votre assurance
2011

with built-in timer!
only $1.25
#JLO
INSTANTLY
Pay Off your Mortgage or Car Loan
and get out of debt!
DISCREET ARSON DEVICE

Profiter de Noël avec vos amis et votre famille sans avoir besoin de vous défoncer
2008

Enjoy
Christmas
with your
Friends & Family
without feeling the need
to take heroin

Bien vous entendre avec votre patron instantanément
2018

39¢
GET ALONG
with your
BOSS
instantly

Être à deux endroits à la fois
2022

BE
in two
PLACES
at the same time
INSTANT QUANTUM SPLITTER

Comprendre instantanément les installations vidéos
2018

#NJP
instantly
UNDERSTAND
VIDEO
ART
Even though a little part of you will
still die inside when the lights go out
HELP

Kit pour cloner la copine de votre meilleur ami
1998

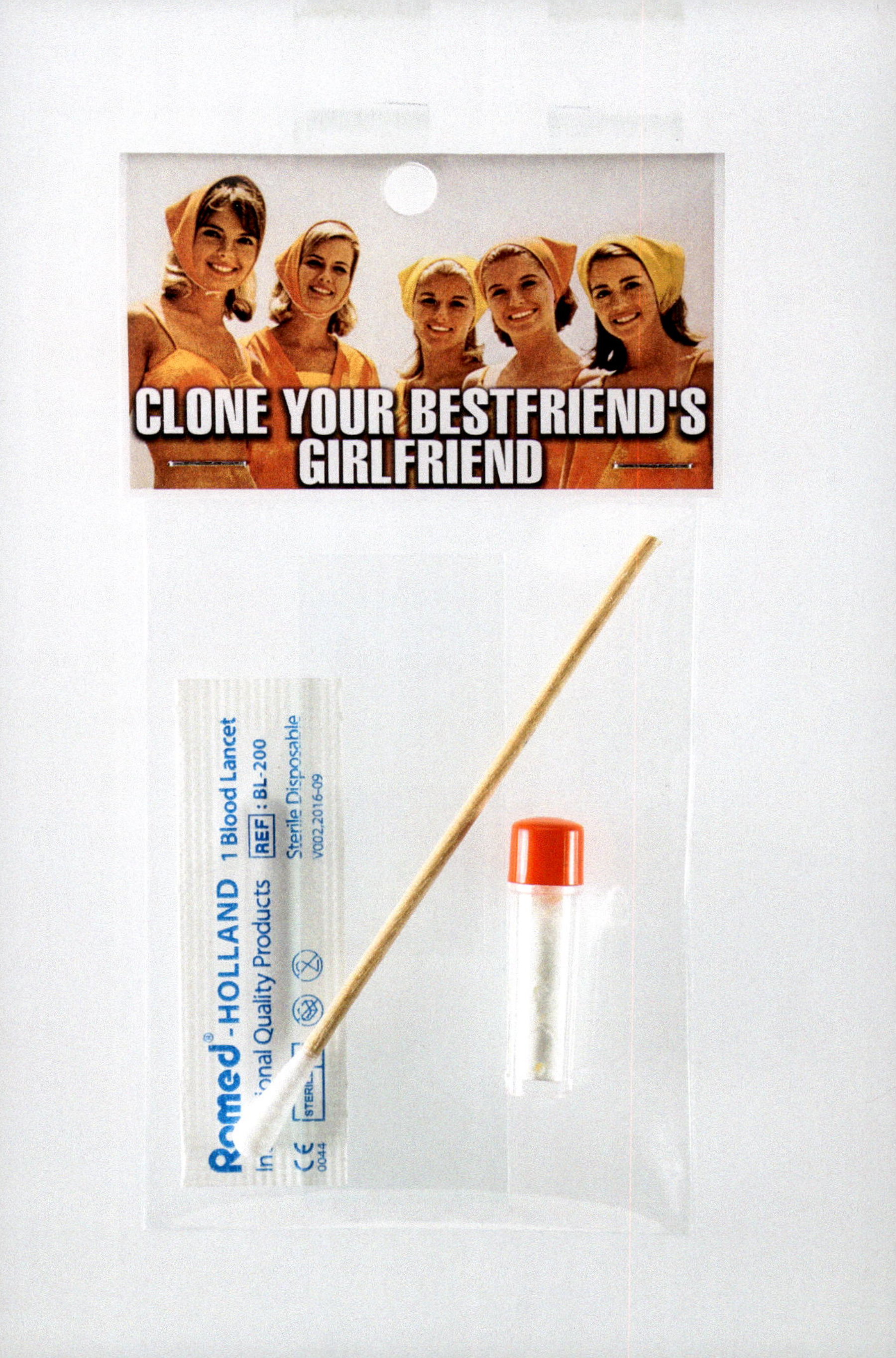
CLONE YOUR BESTFRIEND'S GIRLFRIEND
Romed® -HOLLAND
1 Blood Lancet
REF : BL-200
Sterile Disposable
V002,2016-09
CE 0044

Détecteur d'intelligence artificielle pour savoir si vous êtes un humain ou un robot
2019

99% accurate results in 2 minutes
Are you Human?
Or are you robot?
Artificial Intelligence Detector for Sentient Beings of Biological and Mechanical Origin

Parler français instantanément
1997

SPEAK
FRENCH
immediately

Accent québécois instantané
2010

AS SEEN ON
TV
MAX-00
instant
Québécois
accent
the ultimate fashion accessory

Se sentir canadien instantanément
2003

$1.29
LOOK
& FEEL
Canadian
instantly

Devenir noir immédiatement
1997

BE
BLACK
immediately

Devenir blanc immédiatement
1997

BE
WHITE
immediately

Jouer au génocide avec cette figurine en plastique
2018

5¢
Let's
PLAY
Genocide!™
includes one Tee-Pee-Time™ figurine

Se souvenir instantanément de votre première pipe
2005

SCOTT#81
instantly
Remember
your first
BLOWJOB
in
vivid technicolour
detail

Orgasme instantané
1997

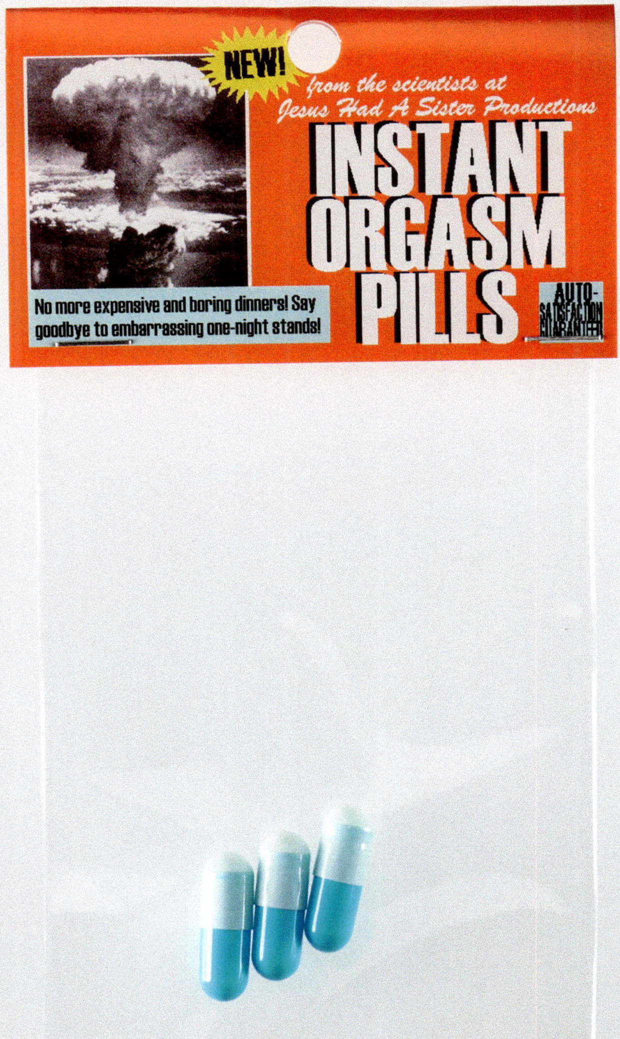
NEW!
from the scientists at
Jesus Had A Sister Productions
INSTANT
ORGASM
PILLS
No more expensive and boring dinners! Say goodbye to embarrassing one-night stands!
AUTO-
SATISFACTION

Graines de pissenlit génétiquement modifiées pour détruire la pelouse de votre voisin
2020

#76450
DESTROY
your neighbour's
LAWN
with these genetically-modified
dandelion seeds

Devenir juif
2003

$1.39
Convert
to
Judaism
the Gramma Wiesenthal Way

Parler russe instantanément
2000

SPEAK
RUSSIAN
instantly

Toujours gagner au pierre-feuille-ciseaux
2013

AS SEEN ON TV
#RPS
always
WIN
at ROCK,
PAPER,
SCISSORS
No more annoying ties!

Implant pour masquer votre identité en public et en ligne
2016

1B
permanently
MASK
YOUR IDENTITY
in public & online with this Teflon®-coated implant
Get chipped! It's hip!

Piloter un Boeing 747 instantanément
2000

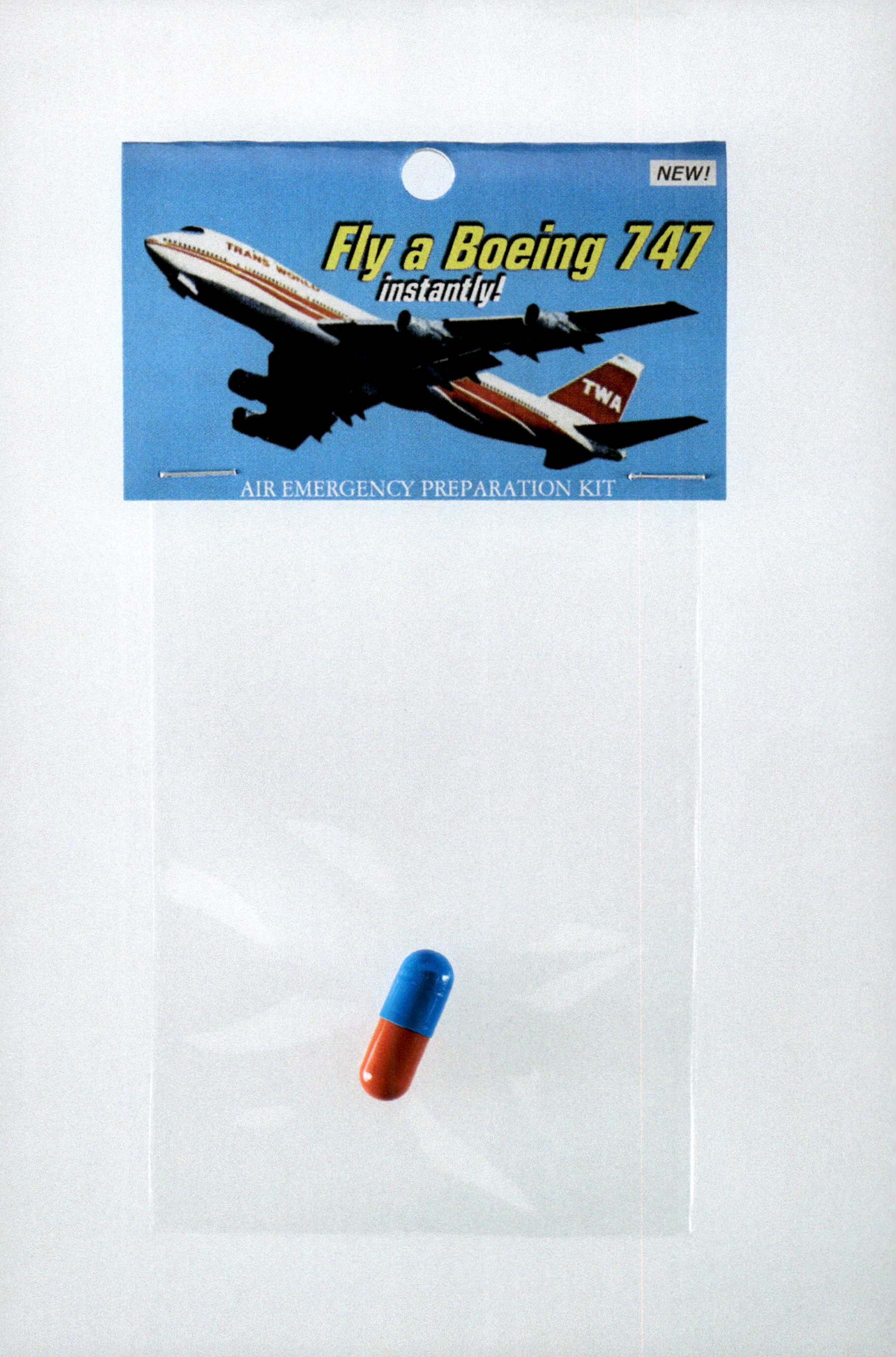
NEW!
Fly a Boeing 747
instantly!
TRANS WORLD
TWA
AIR EMERGENCY PREPARATION KIT

Détecteur de terroriste pour votre prochain vol
2002

AS SEEN ON
TV
#8-D
Is the Passenger Sitting Next to You a Terrorist?
PERSONAL SAFETY DEVICE
FOR MODERN AIRLINE TRAVEL

Revenir instantanément au 10 septembre 2001
2018

No. MAGA
FREE!
SAMPLE
PACK
instantly
TRAVEL
BACK
IN TIME
to September 10th, 2001

Douche instantanée
2003

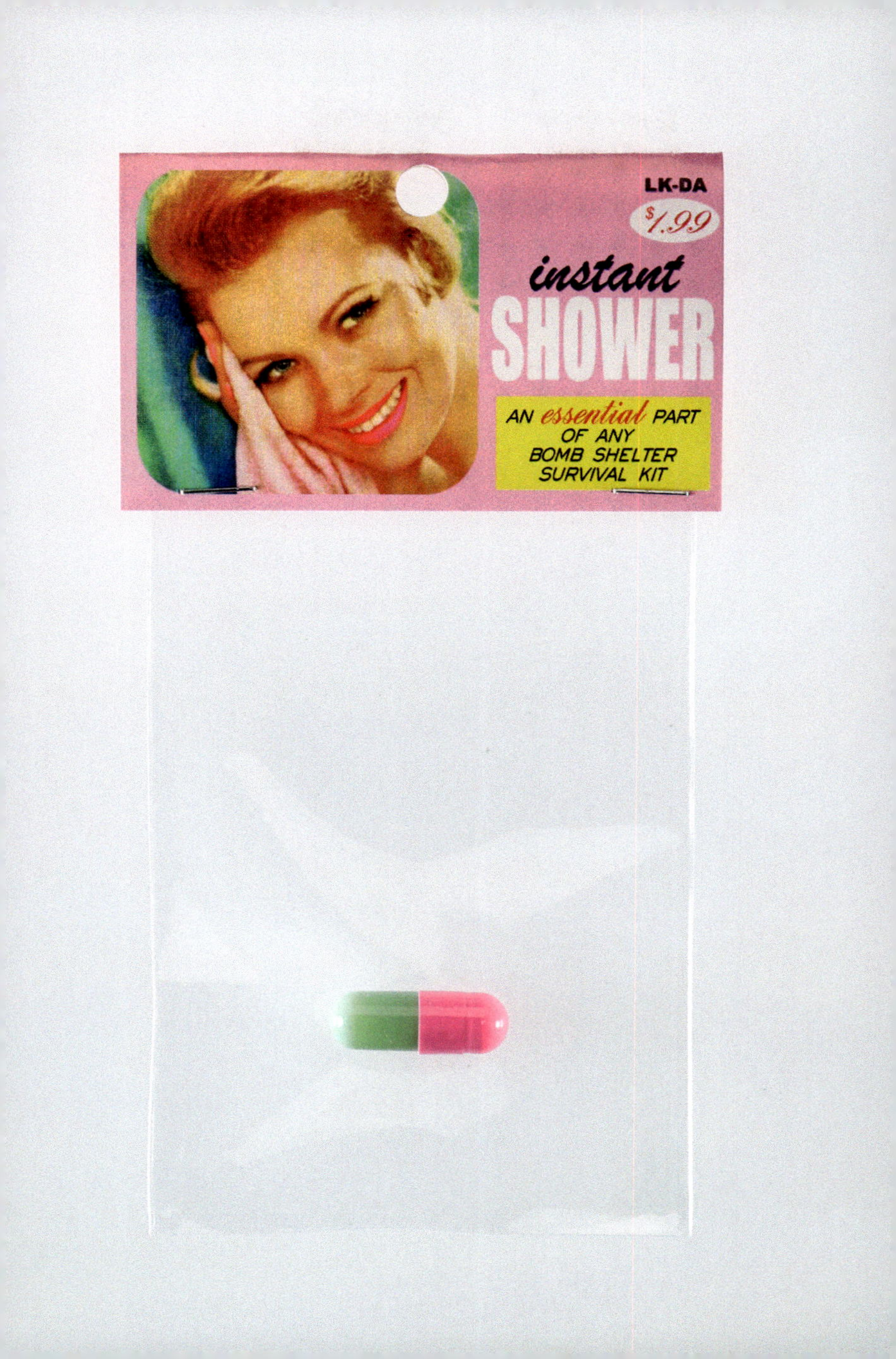
LK-DA
$1.99
instant
SHOWER
AN essential PART
OF ANY
BOMB SHELTER
SURVIVAL KIT

Avoir confiance en l'humanité instantanément
2049

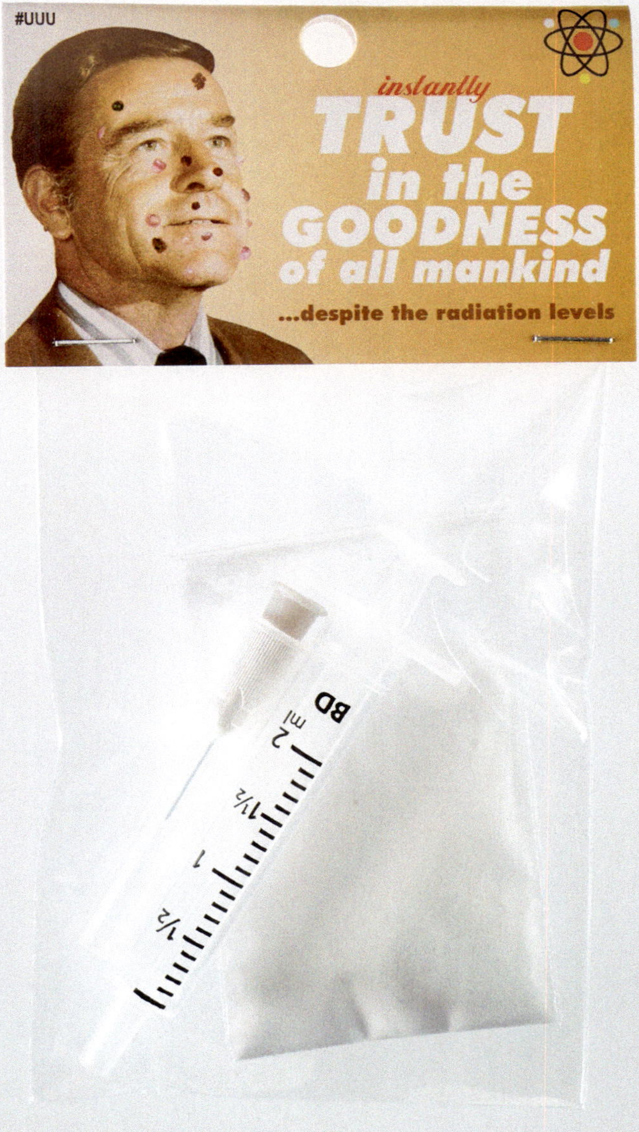
#UUU
instantly
TRUST
in the
GOODNESS
of all mankind
...despite the radiation levels
BD

Viande d'abeille synthétique pour faire le plein de protéines
2021

NEW!
Laboratory-grown
BEE
MEAT™
the only!
a healthy source of protein

Boule de neige instantanée
2008

25¢
instant
SNOW
BALL™
JUST ADD SYNTHETIC WATER

Schnitzel déshydraté pour votre prochain voyage dans l'espace
2018

DOCTOR RECOMMENDED
Dehydrated, freeze-dried
WEINER
SCHNITZEL
for your next trip to space
It's out of this world!

Percer instantanément les mystères de l'univers
2008

instantly
UNRAVEL
the mysteries
of the
UNIVERSE
and experience a cosmic shiver!

Comprendre instantanément les mathématiques complexes
2000

No.314
Understand
Complex
Mathematics
instantly

Comprendre instantanément l'accent écossais
2018

10p
instantly
Understand
the
Scottish
Accent
Patented formula so strong
it works 30% of the time!

Champignons pour entrer en contact avec les extraterrestres
2006

#A51
Make instant Contact with UFOs and ALIENS
by chemically changing your carbon vibration
GUARANTEED TO MAKE THEM LAND!

Se souvenir de ses rêves instantanément
2006

VU32
instantly
Remember
Your
Dreams
as soon as
you wake up

Devenir instantanément invisible
2000

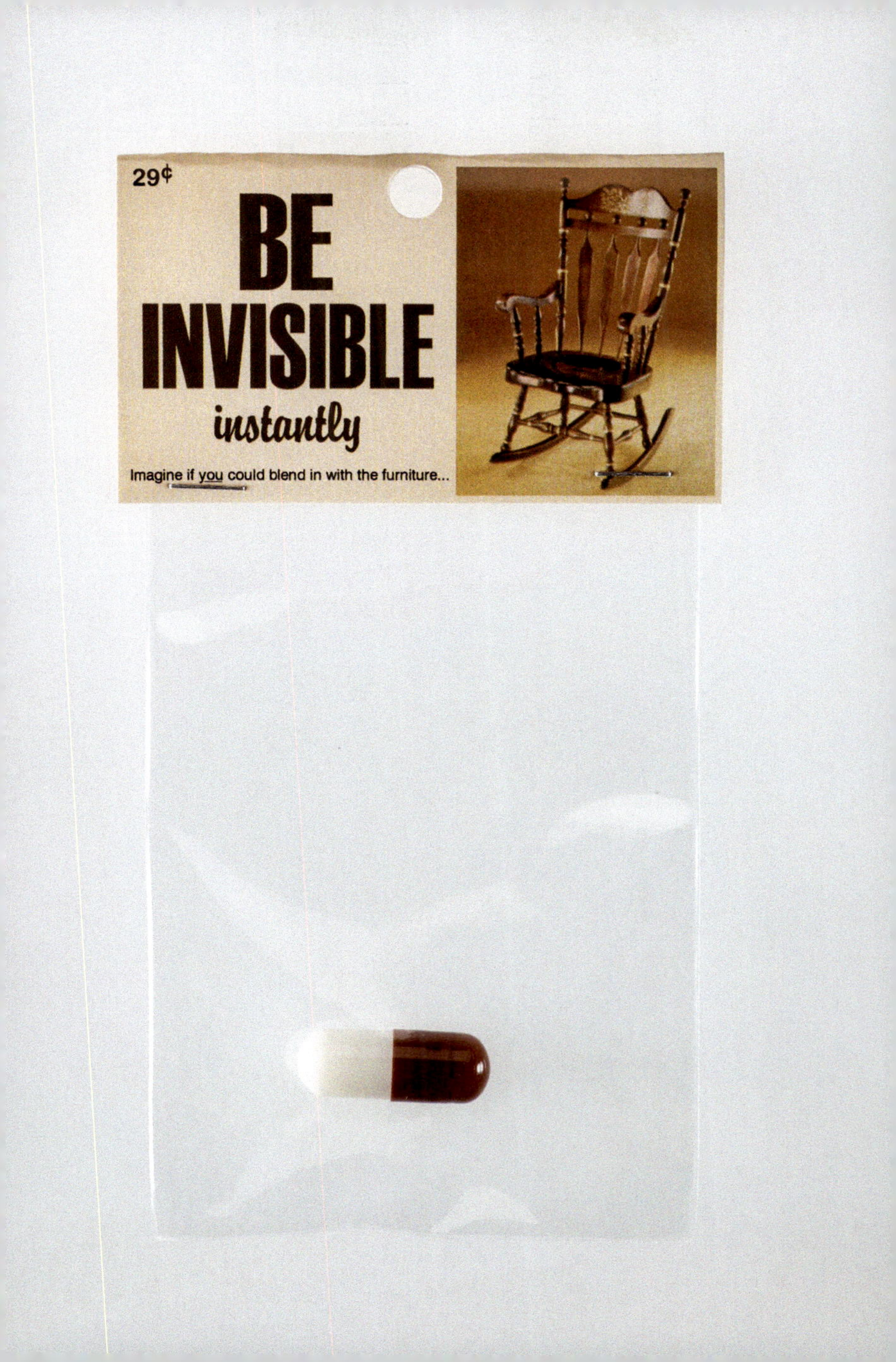
29¢
BE INVISIBLE
instantly
Imagine if you could blend in with the furniture...

Contrôler et faire léviter des objets instantanément
2011

AS SEEN ON TV
instantly
Control
and Levitate
Objects
with only the power
of your mind
HOURS OF FUN!

Créer votre double instantanément
2006

No.2
instant
TWIN
pills
Create a double
of yourself
instantly!

Implant télécommandé pour contrôler votre famille et vos animaux de compagnie
2006

MT196
Completely
CONTROL
your
FAMILY
including your pets!
WITH THIS EASY-TO-INSTALL
REMOTE CONTROL IMPLANT

Simuler votre propre mort
2008

0 01778 8088334 5
#BX9603
FAKE
YOUR OWN
DEATH
and skip out of work or school...
starting today!
TEMPORARY DEATH-INDUCING PILLS
VANISH

Rédiger la lettre de suicide parfaite instantanément
2010

#1T415-7
instantly
WRITE
the
perfect
SUICIDE
NOTE
Check out in style!
335

Pilule de suicide
1997

simple to use!!!
This package contains ONE SUICIDE PILL.

Kit pour ressusciter l'être aimé
1999

$1.29
When Someone
You Love Dies...
Bring them
back to life
BD

Apercevoir un fantôme instantanément
2022

AS SEEN ON TV
#600
SEE a GHOST
instantly
It's thpooky!

Apprécier les films étrangers même s'ils sont en VOST
2006

#655321
NEW!
Enjoy
Foreign
Films
with a passion
EVEN IF THEY HAVE SUB-TITLES
RP
103

Prendre un vrai plaisir à passer du temps avec votre mère
2003

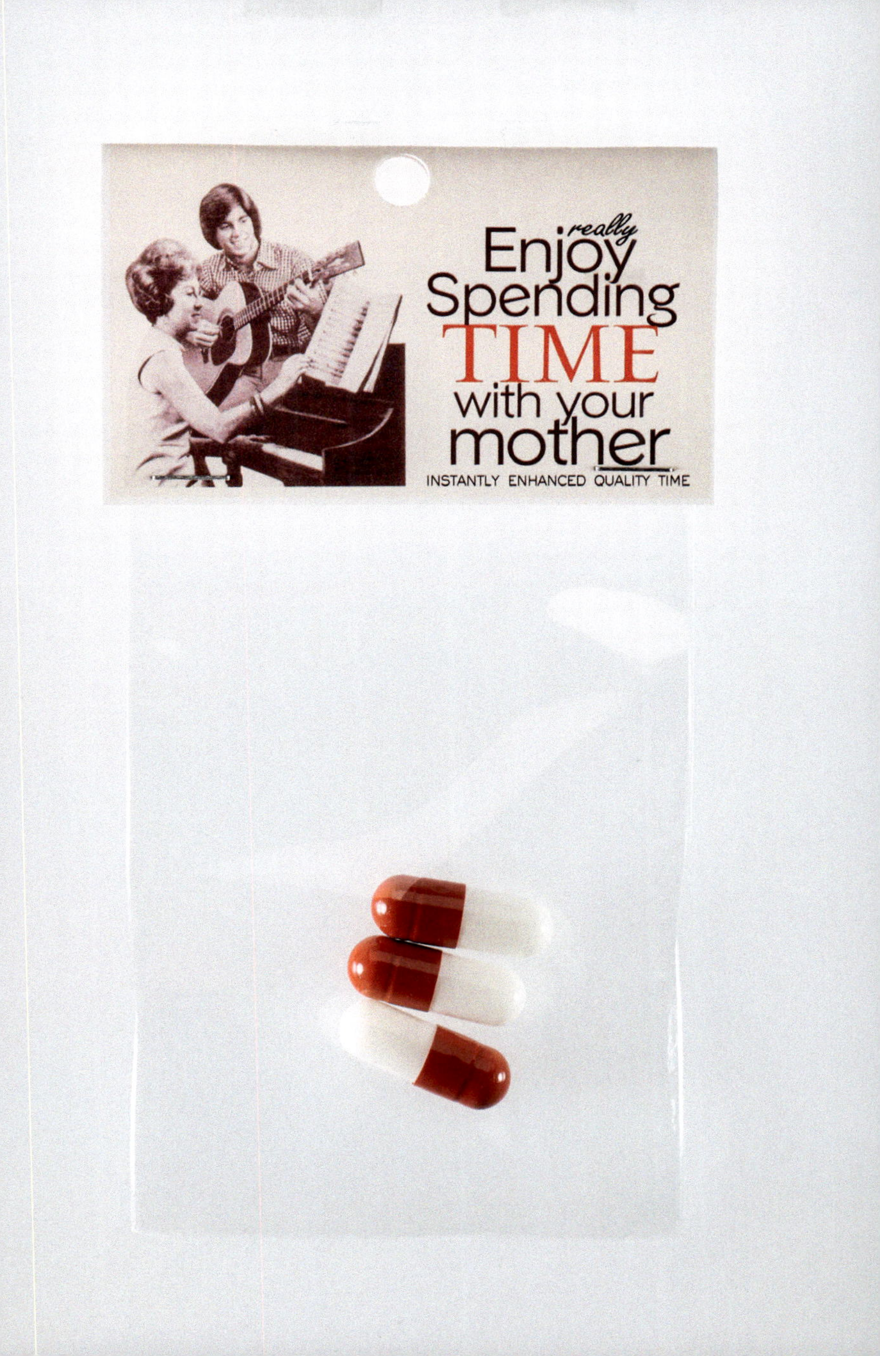

really
Enjoy
Spending
TIME
with your
mother
INSTANTLY ENHANCED QUALITY TIME

Transformer instantanément votre femme en cheval
2021

49¢
TURN
your wife
into a
HORSE
instantly

Oublier instantanément l'image de vos parents au lit
2009

NEW!
instantly
HEAL
from the time
YOU SAW
your parents having sex
Fast-working Powerful Amnesiac

Thérapie instantanée
2006

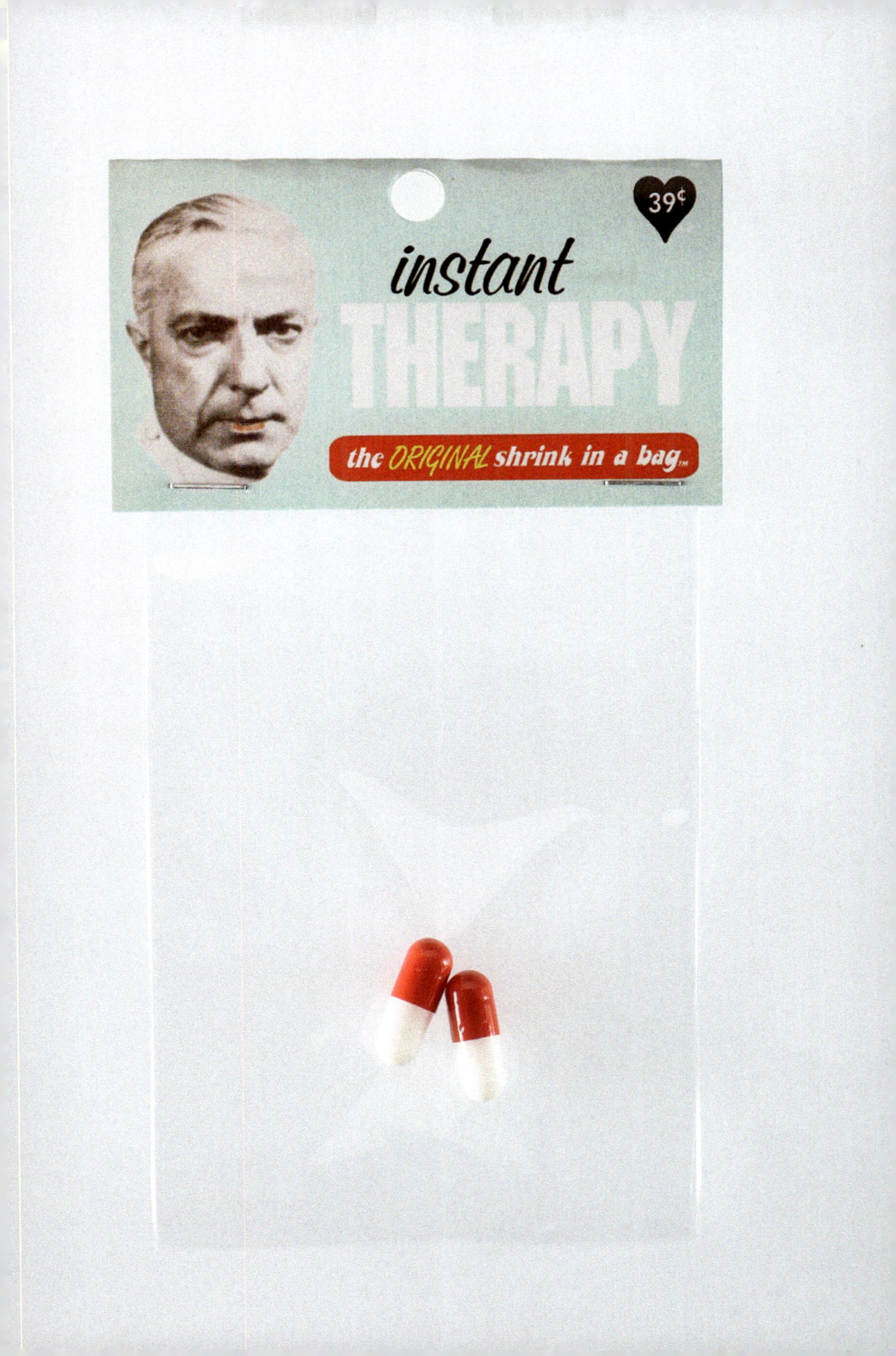
39¢
instant
THERAPY
the ORIGINAL shrink in a bag™

Effacer votre passé instantanément
1999

DS-453
49¢
ERASE
YOUR PAST
instantly
HIGH-POWERED MEMORY ELIMINATOR
8 008285 095393
e 20 ml

Souvenirs d'enfance heureux artificiels
1999

instant
HAPPY
CHILDHOOD
MEMORIES
INCLUDES ONE COMPLETE MEMORY BUNDLE

Communiquer efficacement avec votre père
2000

No.1847
COMMUNICATE
effectively
with your
FATHER
CONTAINS MDMA

Survivre aux fêtes de famille instantanément
2022

$1.29
Survive Family
Get-Togethers
instantly
Alcohol sold separately!

Accepter pleinement votre homosexualité
2010

completely
ACCEPT
your
HOMO
SEXUALITY
Even if in many places
it could still cost
you your life!
سارا دانا

Se souvenir instantanément de l'endroit où vous avez laissé vos clés
2006

CLE28
instantly
Remember
Where You
Left Your
KEYS

Se souvenir instantanément de l'endroit où vous avez planqué votre herbe
2022

NEW WEED WIZARD FORMULA!
instantly
Remember
Where You
Stashed
Your Weed
and other party favours

Kit pour fabriquer votre méthamphétamine maison
2018

P&P
COOK
CRYSTAL
METH
in the privacy of your own home
with this delightful little starter set!
USA
USA

Ayahuasca pour chiens de la SPA
2022

Nuevo Producto!
Ayahuasca
for
Rescue Dogs
BE THE SHAMAN

Kétamine pour chat avec supplément de LSD
2020

KEN-L
Kitty
Ketamine™
with added LSD
Wouldn't you like some
of what your cat is on?

Cocaïne sans coke
1997

coke-free
COCAINE
N.A. approved

Le plus petit joint du monde
1978

29¢
JHAS
THE
world's
SMALLEST
JOINT
ANOTHER QUALITY PRODUCT FROM J.H.A.S. PRODUCTIONS

Marionnette à doigts hantée pour effrayer les bébés
2022

25¢
HAUNTED
FINGER
PUPPETS®
to scare babies

Arranger une coupe de cheveux ratée instantanément
1999

No. 329
FIX
a
BAD HAIRCUT
instantly and effortlessly

Afro instantanée
2002

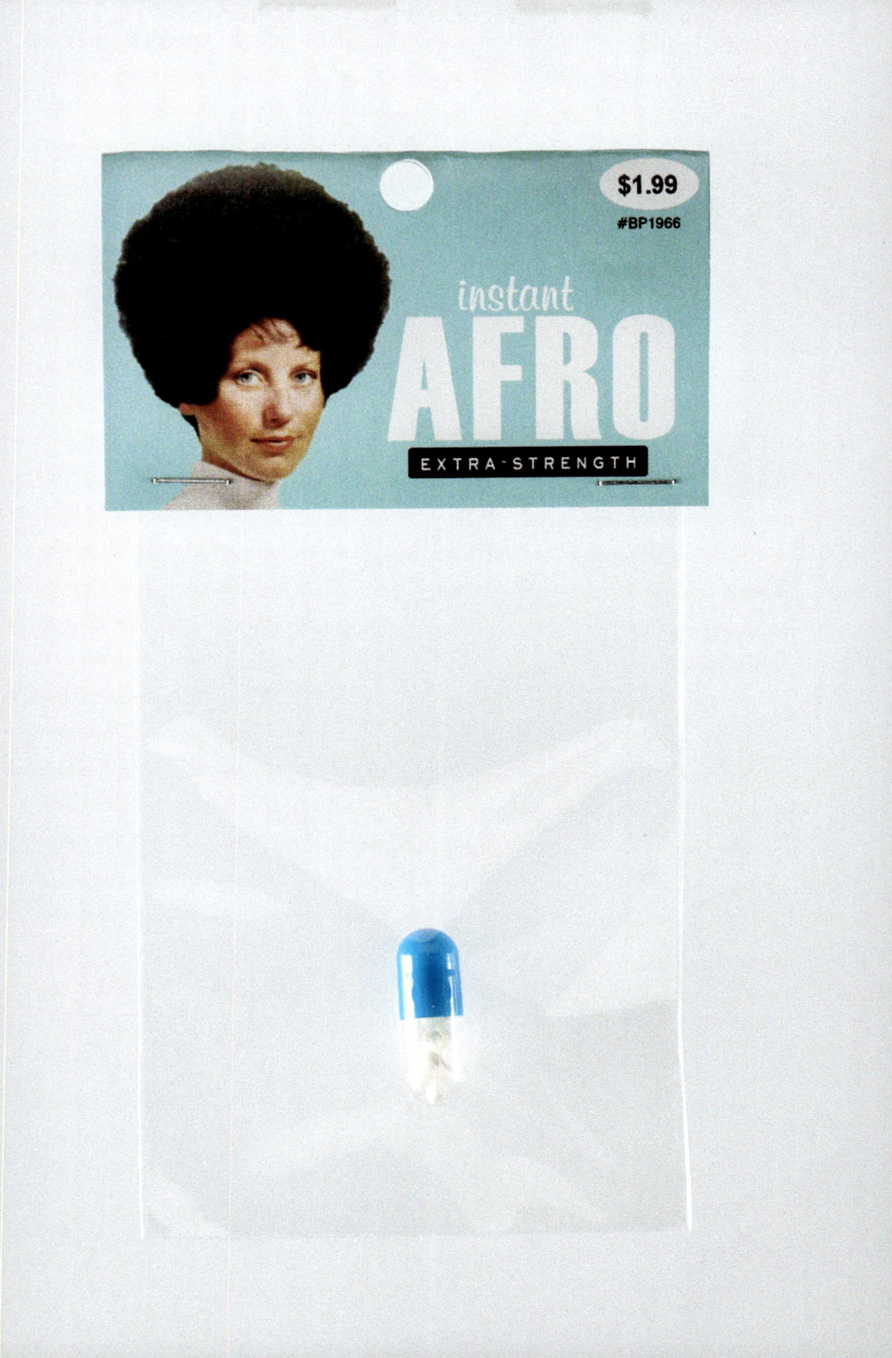
$1.99
#BP1966
instant
AFRO
EXTRA-STRENGTH

Changer la couleur de vos yeux instantanément
2002

C19
instantly
CHANGE
the
COLOUR
of your
EYES

Kit pour changer de sexe tout seul
2003

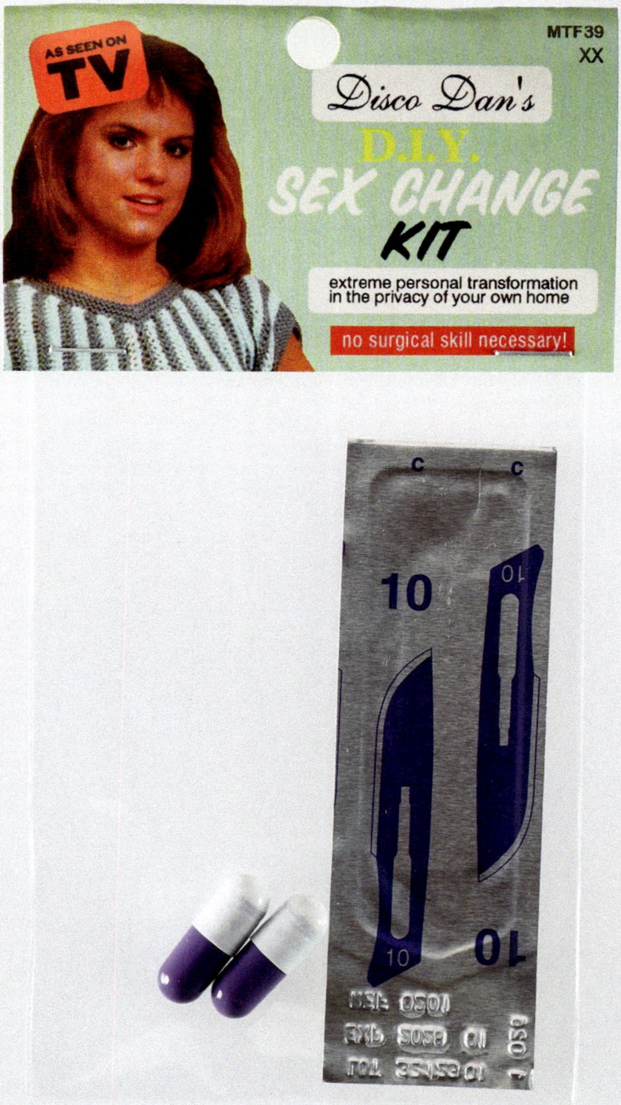
AS SEEN ON
TV
MTF39
XX
Disco Dan's
D.I.Y.
SEX CHANGE
KIT
extreme personal transformation
in the privacy of your own home
no surgical skill necessary!
10

Accent gay instantané
2003

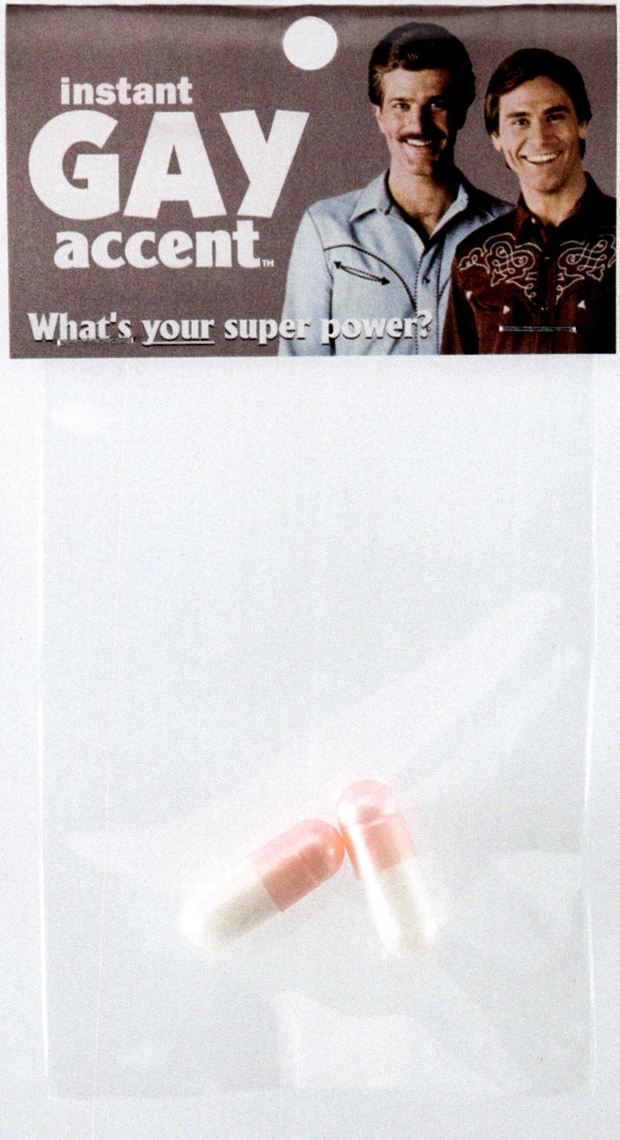
instant
GAY
accent™
What's your super power?

Patch pour devenir hétéro instantanément
1998

Be.
Straight
instantly
looks like simple BAND-AID!

Lingette truquée pour rendre gay n'importe qui juste en lui serrant la main
2018

instantly
TURN
anyone
GAY
with just the power
of your handshake
Works even if you're not gay!
Moist
Towelette

Forcer votre crush à tomber amoureux de vous
2022

ARTIFICIAL
TRUE LOVE
GUARANTEED
Make
your
Secret
Crush
like you
Just one dose puts butterflies in their stomach!

Connaître l'orientation sexuelle de votre cible avant de vous lancer
2021

correctly
GUESS
YOUR
TARGET'S
SEXUALITY
before you roll
the dice

Réussir une bonne pipe
2000

49¢
KEEP OUT
OF THE
REACH OF
CHILDREN
Give Good Head

Trouver son point G instantanément
2000

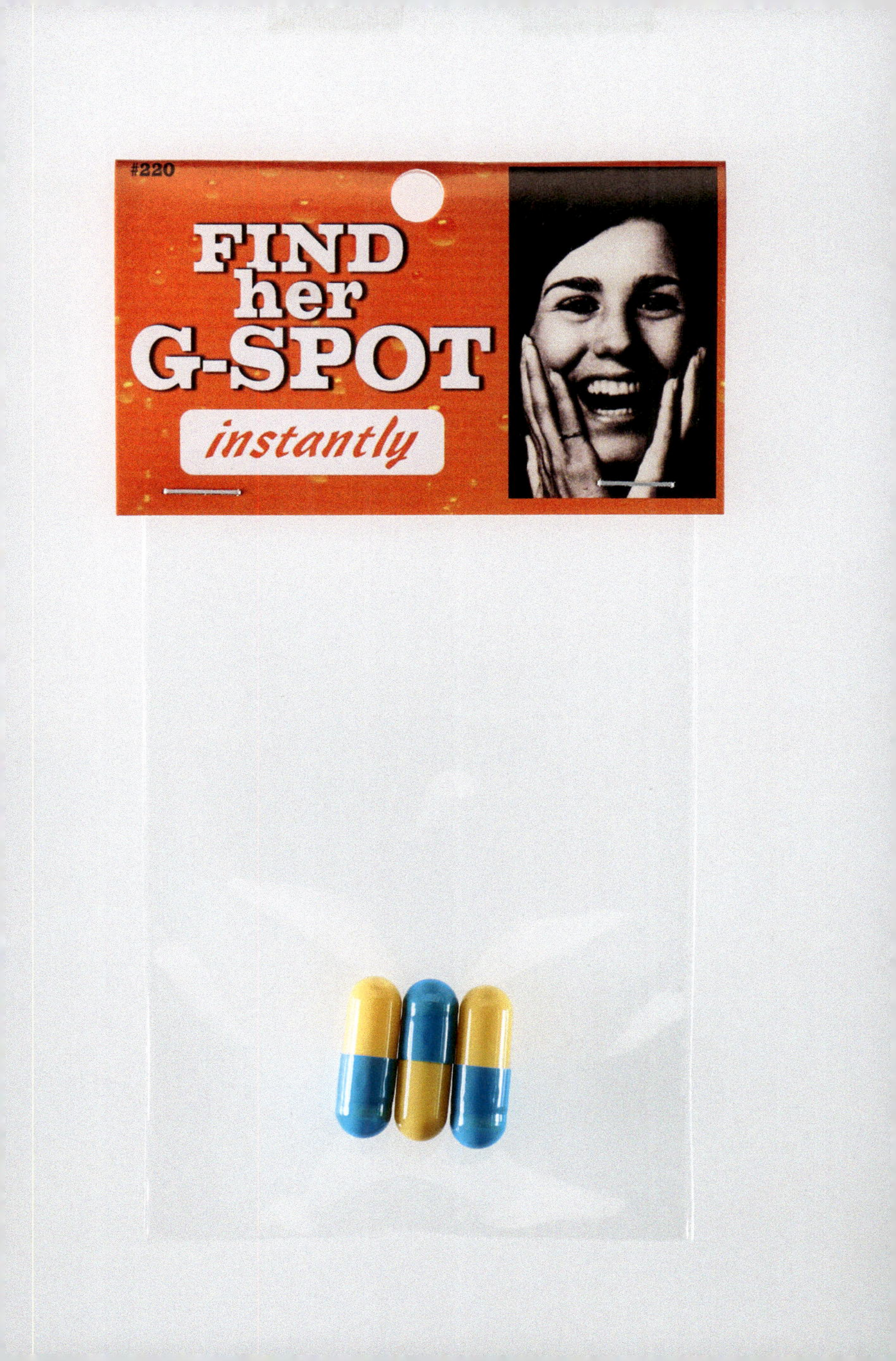
#220
FIND
her
G-SPOT
instantly

Apprécier le sexe anal
2001

AS SEEN ON
TV
Enjoy
Anal
Sex
ANAL SEX STIMULATOR PILLS

Se sentir incroyablement à l'aise quand vous allez aux toilettes ailleurs que chez vous
2009

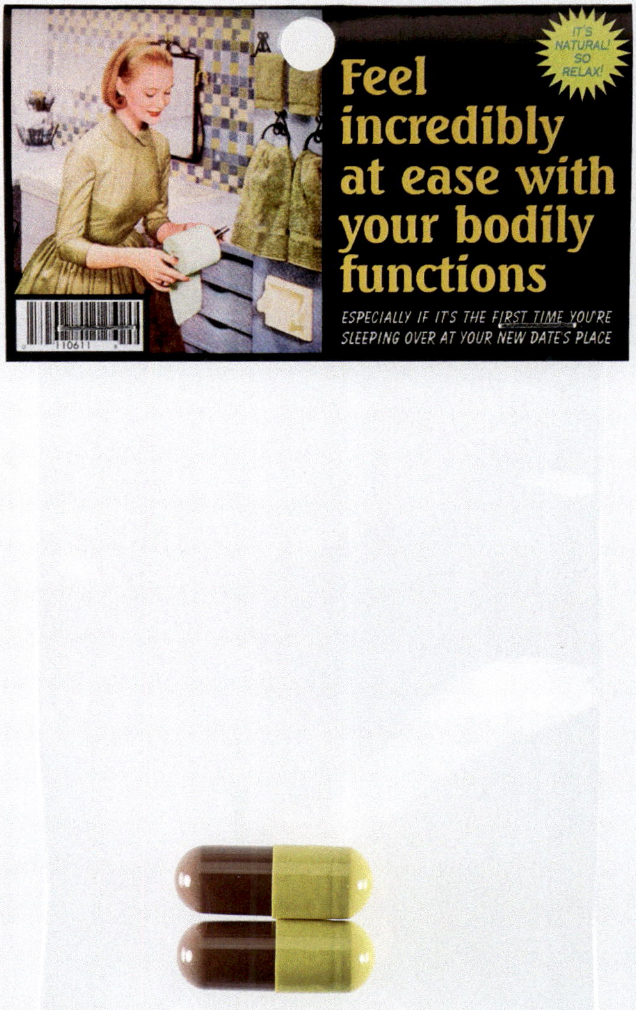
IT'S NATURAL! SO RELAX!
Feel incredibly at ease with your bodily functions
ESPECIALLY IF IT'S THE FIRST TIME YOU'RE SLEEPING OVER AT YOUR NEW DATE'S PLACE

Vaccin pour rester éternellement amoureux
1998

AS SEEN ON TV
Dr. Ernest Mascot's
Stay in Love Forever
INOCULATION KIT
BD
ml
2
1½
1
½

Restaurateur d'hymen instantané
1997

Granny Walker's extra-strength
VIRGIN
PILLS
scientifically proven
HYMEN RESTORER

Sperme danois frais pour auto-insémination
2003

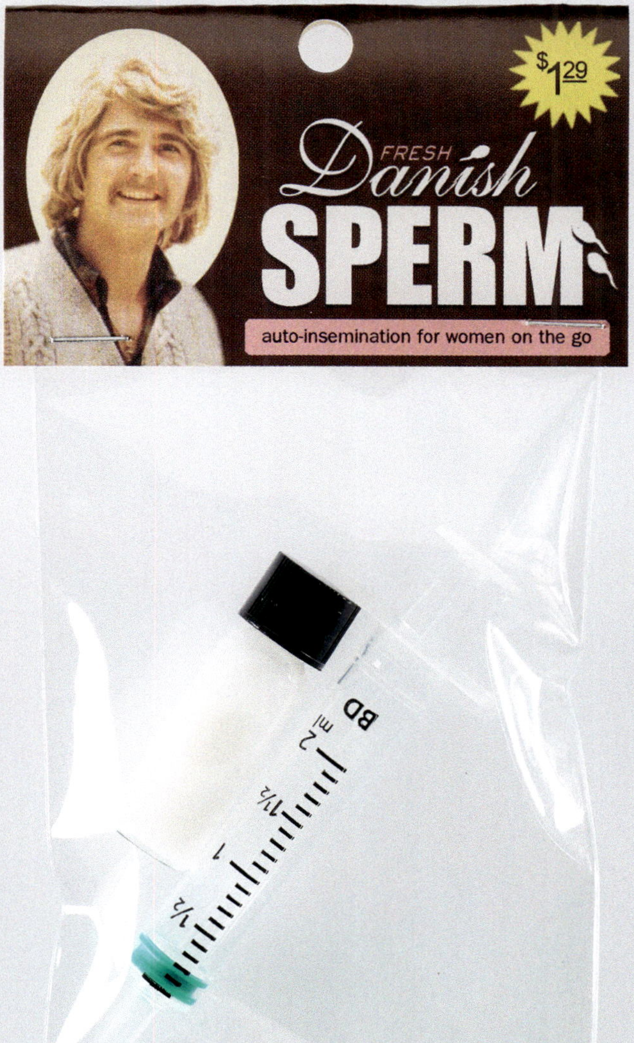
$1.29
FRESH
Danish
SPERM
auto-insemination for women on the go
BD

Kit pour avorter à la maison
2022

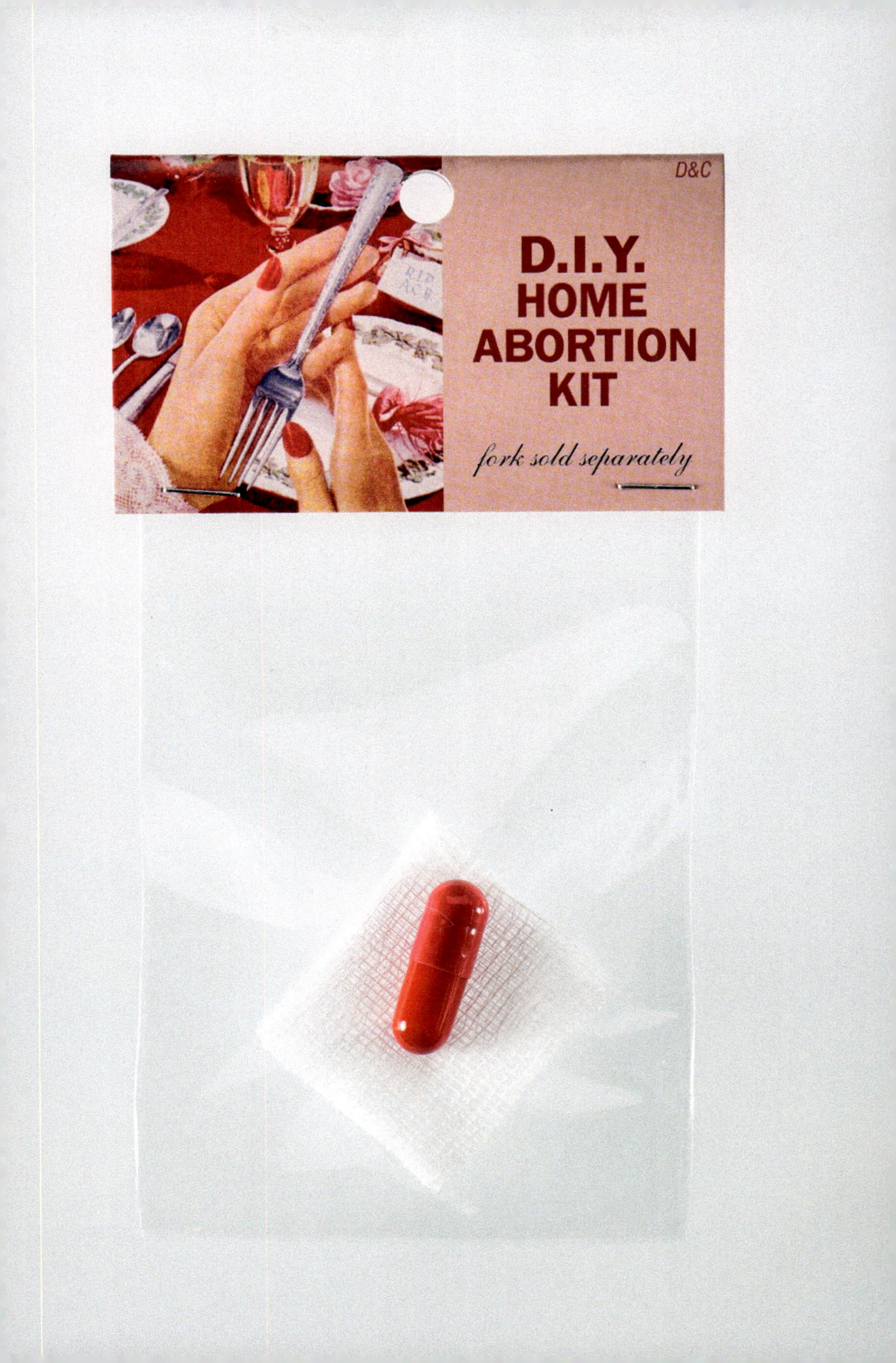
D&C
D.I.Y.
HOME
ABORTION
KIT
fork sold separately

Rendre les discours de mariage moins barbants instantanément
2016

No.090105
Make
Wedding
Speeches
feel shorter
instantly

Ne pas faire d'enfants moches
1998

100% beauty
Don't Have
UGLY
CHILDREN

Garantir l'hétérosexualité de votre enfant
1997

guarantee
the
HETEROSEXUALITY
of your CHILD

Accepter que vous avez eu un bébé et que votre vie ne serra plus jamais la même
2003

Accept
That You've
Had A Baby
and that your life
will never be the
same again
INSTANT REALITY CHECK

Congeler votre bébé en toute sécurité et profiter de la soirée
2004

HG
AS SEEN ON
TV
instant
BABY-SITTER
TM
Safely freezes your baby
in one place for up to
twenty-four hours and
lets you go out!

Pique-bébé pour vérifier la profondeur du sommeil de votre enfant
2011

#HWG
Is Your Child really Asleep
...or just faking?
HANDY PARENTING TOOL

Parler de sexe à votre enfant sans aucune gêne
2000

39¢
FEEL
completely
COMFORTABLE
talking to your child
about sex

Faire aimer instantanément les légumes à vos enfants
2014

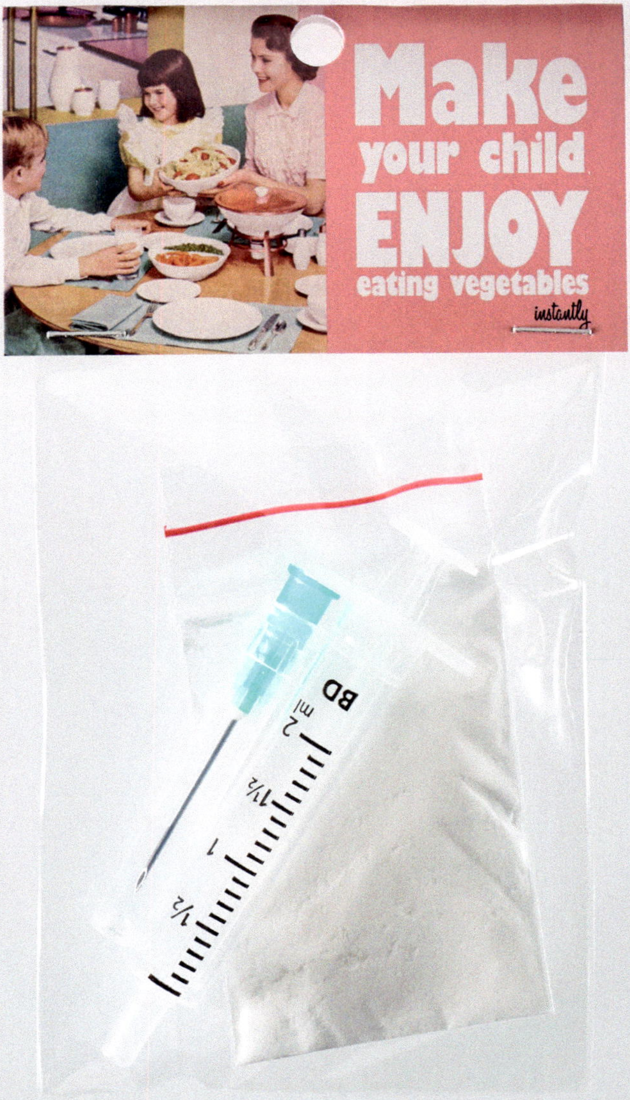
Make
your child
ENJOY
eating vegetables
instantly
BD
2 ml
1½
1
½

Être un bon père
1999

No Training Necessary!
Be A Good Father

Avoir une famille parfaite
2000

Have a
PERFECT
FAMILY
GUARANTEED
NEW!

Monter des meubles Ikea sans se disputer
2016

29¢
instantly
ASSEMBLE
IKEA
FURNITURE
without getting
into a fight

Savoir lire une carte routière au premier coup d'œil
2008

No.VW74
instantly
Read
a
Road Map
Right the First Time
POTENT MARRIAGE SAVING TOOL
Service
Travel Guide
2020

Trouver rapidement un chauffeur à chaque fois que vous faites du stop
2006

WHILE SUPPLIES LAST!
JPL84
Get a Ride
quickly
every time you
HITCH-HIKE
with this handy pheremone bulb

Kit pour faire croire à votre femme qu'elle aime le camping
2005

LLJ82
MAKE
YOUR WIFE
think she likes
CAMPING
in the great wild outdoors
BD
STING-STOP SWAB TAMPON STING-STOP
For INSECT
INSECTES
DIN 311243

Piège électronique à Bigfoot
2022

9V
BATTERY SOLD SEPARATELY
ELECTRONIC
SASQUATCH
TRAP™

Road trip virtuel instantané
2020

#VW1974
instant
ROAD
TRIP™
VIRTUAL TRAVEL FROM
YOUR DESK OR COUCH

Avoir une relation saine
2001

Have
a
Healthy
Relationship
every single time
new
&
improved!

Être monogame naturellement
1999

No.1202
BE
MONOGAMOUS
naturally
*NO DISCOMFORT
*NO PAINFUL SIDE EFFECTS
*ANXIETY-FREE

Mentir avec persuasion facilement
1999

TELL
CONVINCING
LIES
easily

Cacher votre infidélité
2002

#1403
Hide the Fact That You're CHEATING
TEMPORARY RELATIONSHIP TOOL
FOR ADVENTUROUS MEN AND WOMEN
3 314 35 23074

Rendre votre homme 100 % fidèle
2000

No.56
39¢ plus tax where applicable
Make Your Man
Faithful
in body...and in mind
ODORLESS AND TASTELESS FIDELITY FLAKES™
IN NEW CONCENTRATED FORMULA

Lui faire confiance à nouveau instantanément
2001

AS SEEN ON
TV
MN19
instantly!
Trust
Him
again
$1.99

Convaincre votre femme de coucher avec vous et votre meilleur ami
2002

NOT FOR SALE
IN MONTANA
SX-90
Convince Your Wife to Sleep
with You and Your Bestfriend

Se sentir parfaitement détendu dans n'importe quelle situation
2006

FEEL
perfectly
RELAXED
in any
SITUATION
including outdoor group sex!
14¢

Avoir l'air naturel avec le nouveau petit ami de votre ex-mari
2003

with new enhanced codeine crystals
Act Normal
around your
EX-HU$BAND'$
NEW BOYFRIEND
modern medication for very modern times
MAGNUM

Se sentir absolument à l'aise dans un bar gay
2002

NEW!
Feel
absolutely
AT EASE
in a gay bar
artificial social relaxant
for heterosexual men and women

Enjoliver votre divorce
2003

No. 3
instantly
explain
your
DIVORCE
to your child
in fun, easy-to-understand terms

Kit pour que votre enfant accepte et aime votre nouveau compagnon
2001

#1974
Make
Your Child
Accept
and
Love
Your New
Boyfriend
HASSLE-FREE
BD

Éviter de tomber sur votre ex
2018

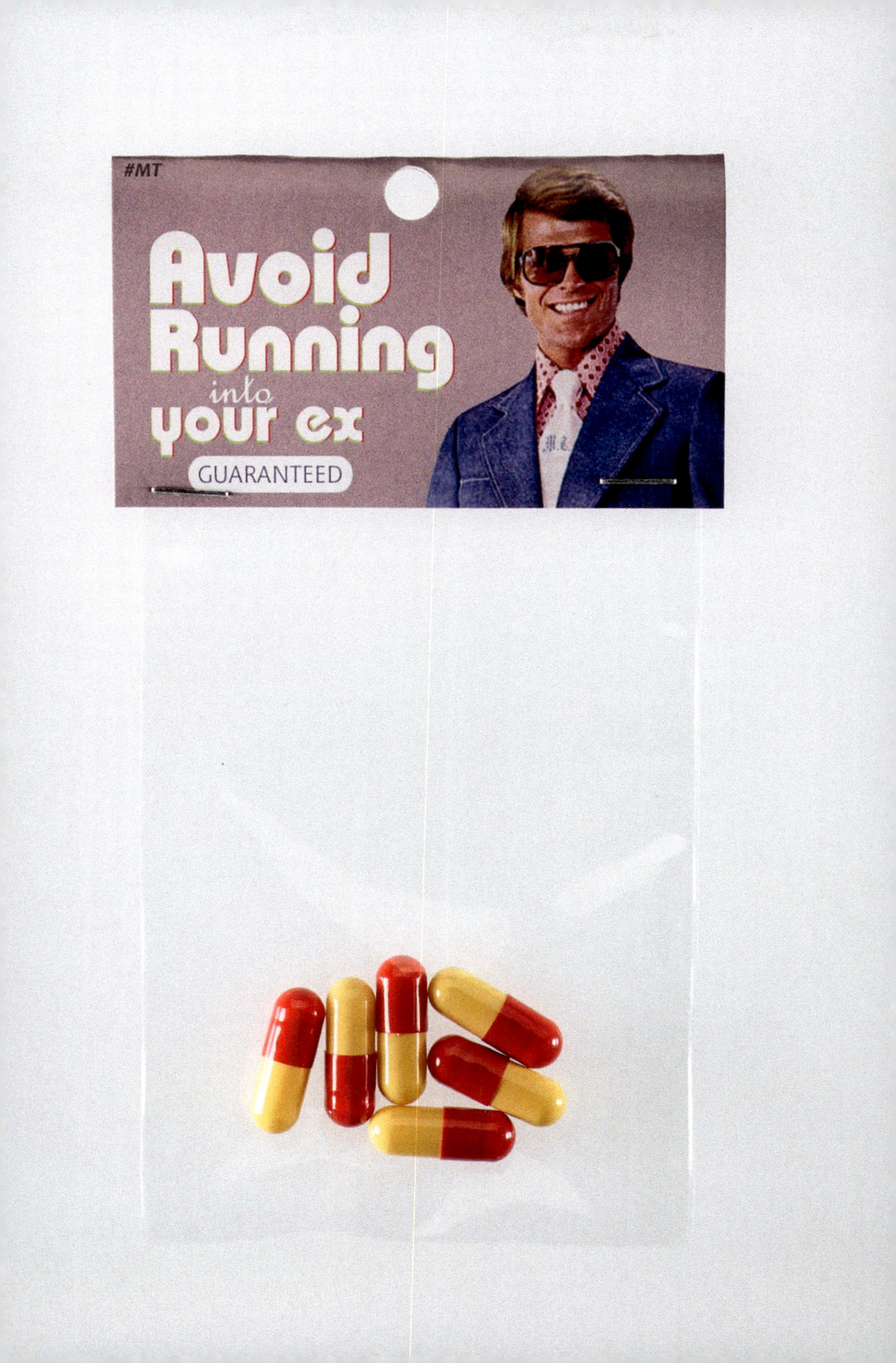
#MT
Avoid
Running
into
your ex
GUARANTEED

Kit pour ne pas succomber à la beauté
1997

NO. 659
Be immune to beauty!
SIMPLE IMMUNIZATION PROGRAM

Pilule pour célibataires qui ont choisi de vivre seuls
1998

Single
PILLS
for those who choose
to live alone...

Accepter enfin que vous préférez les animaux et les insectes aux gens
2018

#TIA
completely ACCEPT
that you like
ANIMALS and insects!
more than PEOPLE
It'll be our secret...

Contrôler votre envie d'appeler votre ex après une soirée arrosée
2011

instantly
Control
your Urge
to
Drunk Call
your friends, family, secret crushes, lovers and ex's...
after a night out on the town!
FEELING CHATTY?

Désintox instantanée pour alcooliques et toxicos
2004

No. 5704
instant
REHAB
for
drunks
& druggies

Sobriété instantanée
2022

No. AA
INSTANT SOBRIETY™
It's never too late to be young again!

Accepter instantanément que vous vieillissez
2001

ACCEPT
the Fact
That You're
Aging
...and turning into someone
more beautiful

Découvrir immédiatement votre véritable but dans la vie
2011

instantly
Discover
Your True
Purpose
in Life
You may be surprised!

Comprendre instantanément l'Islam
2000

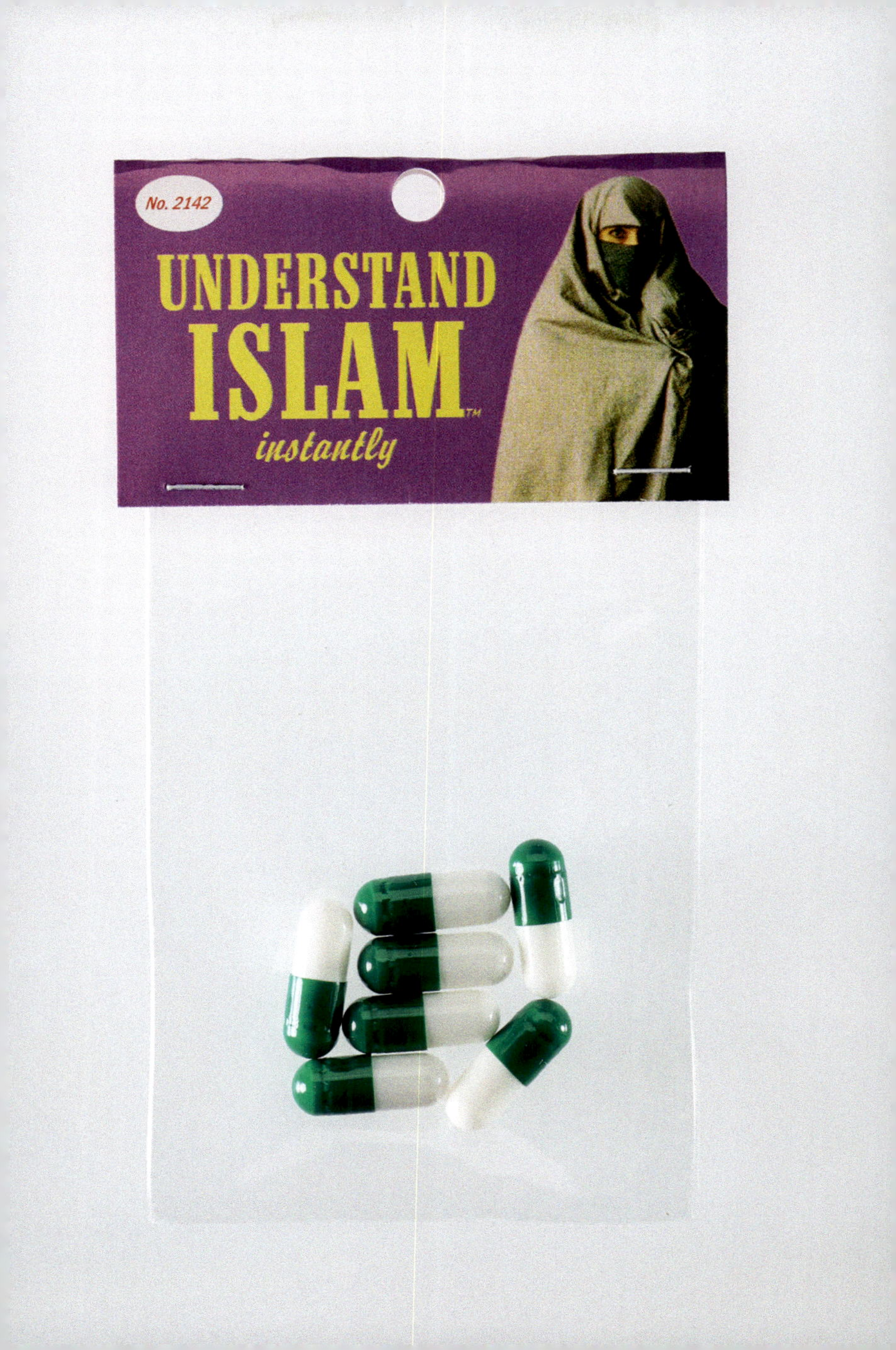
No. 2142
UNDERSTAND
ISLAM™
instantly

Comprendre enfin pourquoi le jus de tomate est si irrésistible en avion
2015

REF#53
NEW!
instantly
UNDERSTAND
WHY
tomato juice
tastes better on airplanes

Comprendre immédiatement votre mère
1998

Understand
Your Mother
Immediately
without having to
meet or talk with her!!!

Kit pour ne plus jamais avoir vos règles
2002

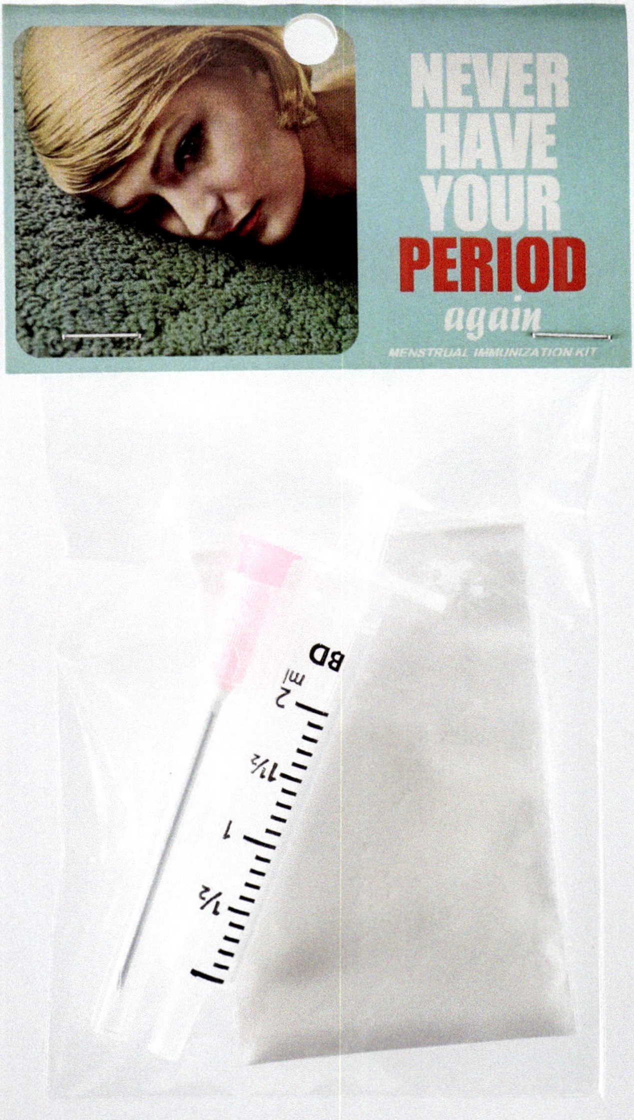
NEVER
HAVE
YOUR
PERIOD
again
MENSTRUAL IMMUNIZATION KIT
BD

Être tous les jours extatique
2000

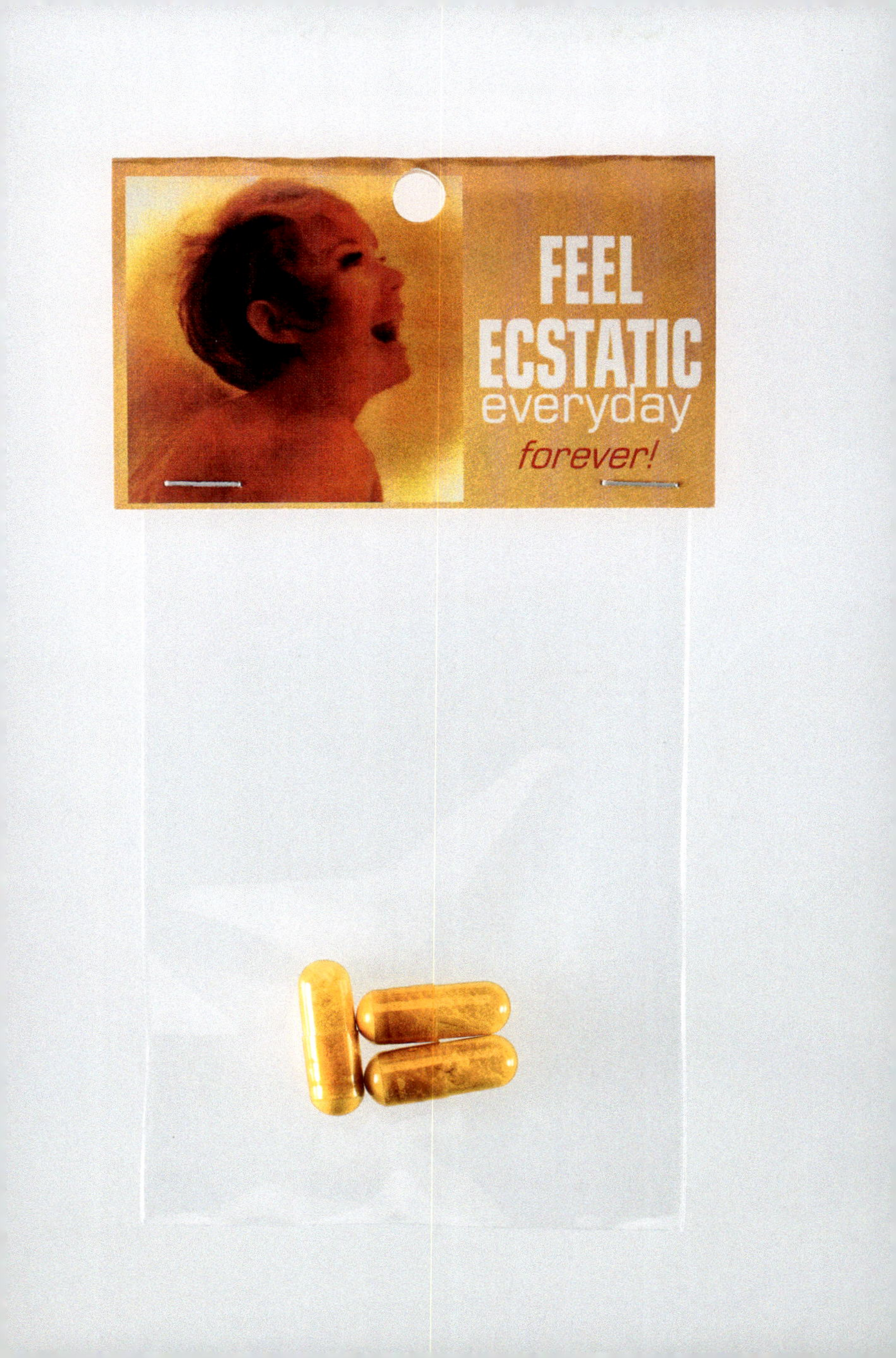
FEEL
ECSTATIC
everyday
forever!

Devenir un photographe professionnel
1997

CK14
only 39¢
Be a professional Photographer
or just look like one!

Renouer instantanément avec vos passions et vos rêves d'enfant
2011

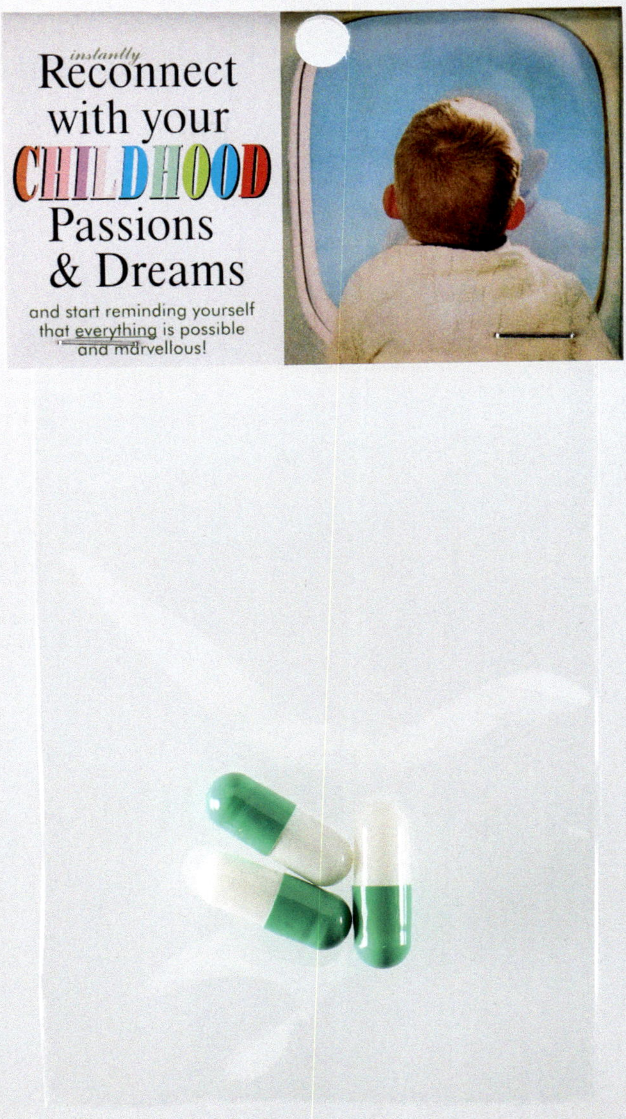
instantly
Reconnect
with your
CHILDHOOD
Passions
& Dreams
and start reminding yourself
that everything is possible
and marvellous!

S'aimer instantanément
2022

1.618
LOVE
YOUR
SELF
instantly

Accepter que vous devenez comme votre mère
2022

instantly
ACCEPT
that you're
TURNING
into your
MOTHER

Kit de pardon instantané
2019

NEW EASY
TO INJECT
FORMULA
Instant
Forgiveness™
Let go of what you've
been holding onto...
BD
2
ml
1½
1
½

Se souvenir instantanément de chaque détail de votre vie
2003

$1.29
instantly
Remember
Every Detail
of your entire
LIFE...
including your own birth!

Se souvenir instantanément des personnes avec lesquelles vous avez couché
2009

#SQ
instantly
REMEMBER
the names
and faces
of
EVERYONE
you've ever slept with
HOURS OF LAUGHS!

Comprendre l'existentialisme instantanément
2002

39¢
BLN #29
understand
EXISTENTIALISM
instantly
400

Comprendre l'art des ronds-points instantanément
2006

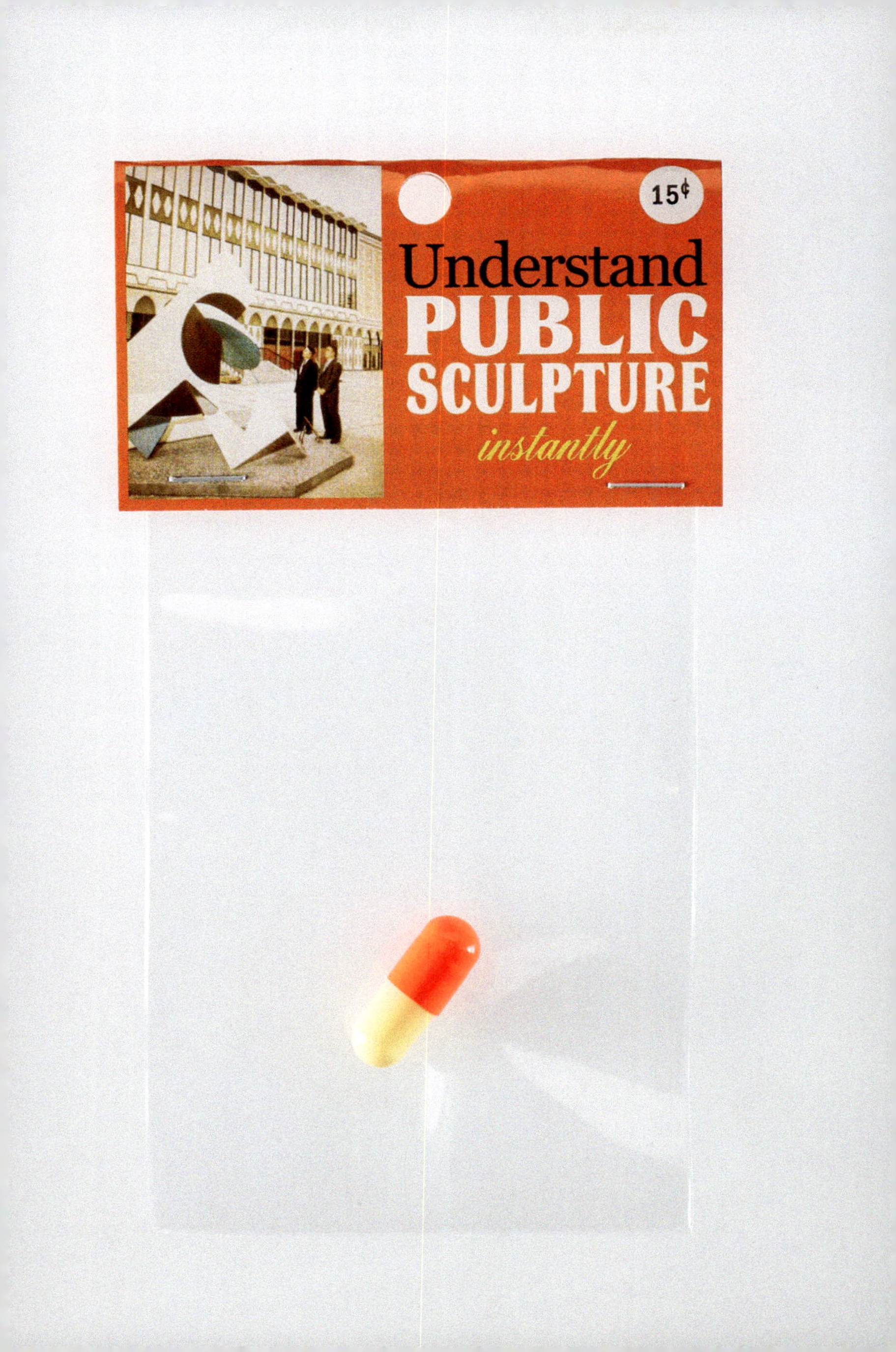
15¢
Understand
PUBLIC
SCULPTURE
instantly

Se débarrasser instantanément de votre peur des marionnettes
2011

only
29¢
DANA
#BP-KC
instantly
Get Rid of Your Fear of Puppets
AND START LIVING!
Extra-strength formula works against clowns, jugglers & anything to do with balloons!

Jouer de la guitare instantanément
1997

PLAY
GUITAR
instantly
HEAVY

Accepter votre profonde solitude
2006

15¢
Accept
that you're
absolutely
ALONE
in this vast expanding universe

Savoir précisément quand et comment vous allez mourir
2002

DP-0202
KNOW
exactly
WHEN & HOW
YOU'RE GOING
to DIE

Croire en Dieu instantanément
1998

BELIEVE
in
GOD
instantly

Pièce de puzzle manquante ajustable
2006

Universally-sized
Missing Puzzle Piece
Fits any puzzle!
EDGE CORNER X SKY

Finir d'écrire votre livre
2020

IBM
FINISH
your
BOOK
Starting now.
It's time.

Transformer votre tête en déco de bureau
2022

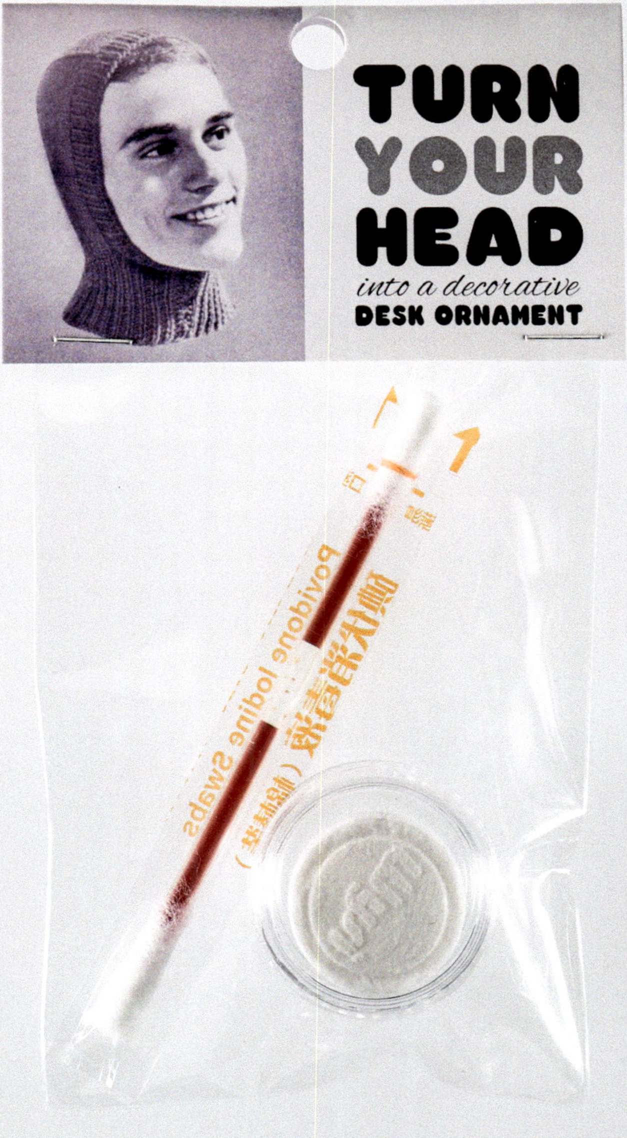
TURN
YOUR
HEAD
into a decorative
DESK ORNAMENT
Povidone Iodine Swabs

Croquettes magiques pour faire chanter votre chat comme Céline Dion
2008

10¢
Make
Your Cat
Sing Like
Céline Dion
MAGIC CAT FOOD

Kit pour aimer pleinement la vie
1999

ENJOY LIFE
completely
and instantly!
$1.99
BD

Comprendre l'art contemporain instantanément
2000

UNDERSTAND
CONTEMPORARY
ART
instantly

DÉCHIREZ LA PAGE LE LONG DES POINTILLÉS ET ENVOYEZ-LA À JESUS HAD A SISTER PRODUCTIONS. NOS SCIENTIFIQUES ÉVALUERONT VOTRE PROPOSITION ET VOUS CONTACTERONT DANS LES PLUS BREFS DÉLAIS.

Utilisez cet espace pour dessiner votre propre idée de pilule. Inventez un remède ! Imaginez un sort ! Ou conférez des pouvoirs miraculeux à un objet du quotidien !

Jesus Had A Sister Productions adorerait avoir de vos nouvelles !

Envoyez vos idées de pilules, vos inventions insolites et les quelques pièces qui traînent au fond de vos poches directement à Dana Wyse pour remporter une chèvre miniaturisée qui chante !*

DÉCOUPEZ SOIGNEUSEMENT CE COUPON ET ENVOYEZ-LE À :

Dana Wyse
c/o Éditions Gallimard
5, rue Gaston Gallimard
Paris, France
75007

HWG-SON EXP. 12/02/2049

Postez aujourd'hui ce coupon garanti sans risque et tentez votre chance !

Oui ! **J'aimerais gagner une chèvre miniaturisée qui chante. Je promets d'encourager son talent musical et de chanter en duo avec elle, si elle le désire.**

Prénom : ______________________________

Nom de famille : ______________________________

Adresse : ______________________________

Ville : ______________________________

Code postal : ______________________________

Province ou État : ______________________________

Pays : ______________________________

E-mail : ______________________________

CHOISISSEZ VOTRE GRADE D'ASTRONAUTE PRÉFÉRÉ EN COCHANT UNE CASE

☐ Commandant ☐ Pilote ☐ Spécialiste de charge utile

Космонавта Алан Шепард

* LE CONCOURS N'EST PAS OUVERT AUX EMPLOYÉS DE JESUS HAD A SISTER PRODUCTIONS NI AUX RÉSIDENTS DU LAC LE JEUNE, COLOMBIE-BRITANNIQUE, CANADA.

ROSÉRTUAESSAHCENUEIVERTOVEDSETIAF

Direction éditoriale : Marie Baumann
Traduction : Sylvie Bardet et Amélie Couture
Photographies : Studio B (David Bonnier et Marc Hallet)
Fabrication : Julien Recurt
Relecture et correction : Sophie Greloux
Création graphique et mise en page : Nicolas Beaujouan
Photogravure : Apex

ISBN : 978-2-07-306796-8
Achevé d'imprimer en Chine
sur les presses de C&C offset en août 2024
Dépôt légal : octobre 2024